BEI GRIN MACHT SICH IHR WISSEN BEZAHLT

- Wir veröffentlichen Ihre Hausarbeit,
  Bachelor- und Masterarbeit

- Ihr eigenes eBook und Buch -
  weltweit in allen wichtigen Shops

- Verdienen Sie an jedem Verkauf

Jetzt bei www.GRIN.com hochladen
und kostenlos publizieren

Ernst Hunsicker

Authentische Polizei- und Kriminalgeschichten. Teil 4

Stationen und Situationen mit Bildern aus einem langen Berufsleben – Nachträge von 1962 bis 2009

GRIN Verlag

Bibliografische Information der Deutschen Nationalbibliothek:

Die Deutsche Bibliothek verzeichnet diese Publikation in der Deutschen National-
bibliografie; detaillierte bibliografische Daten sind im Internet über http://dnb.d-
nb.de/ abrufbar.

Impressum:

Copyright © 2009 GRIN Verlag GmbH
Druck und Bindung: Books on Demand GmbH, Norderstedt Germany
ISBN: 978-3-640-34297-6

Dieses Buch bei GRIN:

http://www.grin.com/de/e-book/126792/authentische-polizei-und-kriminalgeschich-
ten-teil-4

Ernst Hunsicker

Authentische Polizei- und Kriminalgeschichten

Stationen und Situationen mit Bildern
aus einem langen Berufsleben

Teil 4 (Nachträge von 1962 bis 2009)

Vorwort zu Teil 4 (Nachträge)

Eigentlich sollten meine autobiografischen und überwiegend dokumentierten Polizei- und Kriminalgeschichten, die ich bisher in drei Teilen über insgesamt 520 Seiten zu Papier gebracht habe, abgeschlossen sein.

Je mehr ich mich aber mit den Stationen und Situationen meines Berufslebens beschäftige, je häufiger kommen „alte Erinnerungen hoch". Es fallen mir immer wieder authentische Geschichten ein, auf die ich bisher in Teil 1 bis Teil 3 nicht eingegangen bin; Kollegen weisen mich auch auf Versäumtes hin.

Was nun folgt ist ein Streifzug an nachzutragenden Erinnerungen durch 42 Jahre Polizeidienst und die Pensionszeit danach. Darunter auch hochinteressante Geschichten, die ich bisher vielleicht auch bewusst verschwiegen habe.

Ernst Hunsicker (Juni 2009)

Auszüge aus dem Vorwort zu Teil 1 (1962 bis Mai 1988)

Ich war, das kann ich rückschauend schreiben, mit Leib und Seele Polizist und Kriminalist. Sicherlich gab es in über vier Jahrzehnten Dienst zum Wohle gesetzestreuer Bürgerinnen und Bürger auch Tiefen und persönliche Rückschläge. Doch die mehr oder weniger positiven oder auch erfreulichen Erlebnisse sind präsenter.

Ich schreibe vordergründig über Stationen und Situationen aus meinem Berufsleben, die durch Bilder ergänzt werden. Menschliches und Privates kommen dabei nicht zu kurz.

Ich habe mich dazu entschlossen, das – auch autobiographische – Gesamtwerk in **Teil 1** (Jahre 1962 bis Mai 1988) und **Teil 2** (Juni 1988 bis zur Pensionierung im Jahr 2004) aufzuteilen, da meine Rückkehr in die Kriminalpraxis im Jahr 1988 nach zehnjähriger „Abstinenz" eine Zäsur ist.
In Teil 2, an dem ich bereits arbeite, folgen noch viele interessante Geschichten, in denen auch (sehr) bekannte Persönlichkeiten eine Rolle spielen.

Ernst Hunsicker (Juni 2008)

Auszüge aus dem Vorwort zu Teil 2 (Juni 1988 bis 1996)

In **Teil 1** habe ich die Stationen/Funktionen und Situationen/Erlebnisse aus den Jahren 1962 bis 1988 in vielen authentischen Geschichten festgehalten.

Mein Vorhaben, die Stationen/Funktionen und Situationen/Erlebnisse aus meiner verbleibenden Dienstzeit (Juni 1988 bis Februar 2004) in **Teil 2** unterzubringen, konnte ich nicht realisieren. Zum einen, weil ich ab 1988 viel mehr Material gesammelt habe als in der Zeit davor; zum anderen, weil mein Laptop ob der Fülle an Fotos und Bildern mehr und mehr „in die Knie ging".

Somit wird es diesen **Teil 2** (Juni 1988 bis 1996) und später – so Gott und der Verlag wollen – auch noch einen **Teil 3** (1997 bis 2004) geben.

Teil 2 enthält somit viele Presseberichte und Fotos nach dem Motto „Lasst Bilder sprechen!" Die Geschichten aus dieser Epoche sind weniger lustig, dafür aber wohl wegen vieler Großereignisse noch interessanter als diejenigen aus Teil 1.

Ernst Hunsicker (September 2008)

Auszüge aus dem Vorwort zu Teil 3
(1997 bis 2004 und die Zeit danach)

Nach **Teil 1** (1962 bis Mai 1988) und **Teil 2** (Juni 1988 bis 1996) folgt jetzt **Teil 3** (1997 bis 2004 und die Zeit danach).

Teil 3 schließt an Teil 2 an, d.h., Teil 3 ist auch ein Streifzug durch das Aufgabenspektrum der (Kriminal-)Polizei. Es geht also weiter mit
- einer – überwiegend dokumentierten – Autobiographie,
- Geschichten mit lokalem bis internationalem Bezug sowie
- Menschlichem und Privatem.

Presseveröffentlichungen, Fotos und Bilder runden das Gesamtbild ab.

Ernst Hunsicker (Januar 2009)

Inhaltsverzeichnis

Anhang

Landespolizeischule Niedersachsen (1962/63)

Über die harte Zeit meiner Ausbildung im Grundlehrgang an der Landespolizeischule Niedersachsen (1962/63) habe ich in **Teil 1** ausführlich berichtet. Eine Strapaze ist allerdings nachzutragen:

Tauchen bis kurz vorm Ertrinken
Um eine einigermaßen ordentliche Note im Fach Sport zu erreichen, musste neben dem Sportabzeichen auch der DLRG-Leistungsschein gemacht werden.
Mit (Kleider-)Schwimmen, Retten und Tieftauchen gab es bei mir keine Probleme. Lediglich beim Streckentauchen über 25 Meter hatte ich 5 Meter vor dem Tauchziel immer wieder den Kopf vorzeitig aus dem Wasser.
Hinzu kam im Göttinger Hallenbad die Schwierigkeit, dass bei einer Beckenlänge von 20 Metern unter Wasser gewendet werden musste, um dann noch die restlichen 5 Meter tauchend zurückzulegen.
Außer mir gab es unter den Polizeischülern noch andere „Kurztaucher", was nicht ohne Konsequenzen blieb: Jeden **Sonntagmorgen** *fuhren im Winter 1962/63 um 07.00 Uhr die „Tauchschüler" mit einem Ausbilder abwechselnd in die Hallenbäder nach Göttingen und Kassel, weil es in Hann. Münden noch kein Hallenbad gab.*
Während meine Stubenkollegen sich noch in ihren Betten räkelten, musste ich bereits um 06.30 Uhr aufstehen.
Eingehüllt in einen Trainingsanzug, einen langen Wintermantel und einer „Hausmütze weich" auf dem Kopf fuhren wir auf der Ladefläche eines Gruppenkraftwagens (kleiner LKW mit Plane) zu unseren „Tauchbecken".
Nachdem ich zum 3. oder sogar zum 4. Mal erfolglos diese „Tauchreisen" absolviert hatte, musste etwas passieren: Die Nacht vor dem nächsten „Tauchgang" habe ich im Bett mit Atemübungen verbracht. Manchmal glaubte ich, dass mir durch das lange Luftanhalten der Kopf platzen würde. Aber diese Strapazen hatten sich gelohnt – ich tauchte nach der Ankunft in Göttingen in das Hallenbecken ab, um erst nach 25 Metern wieder mit dem Kopf aus dem Wasser zu kommen. Ich glaubte, kurz vorm Ertrinken zu sein.
Halleluja, ich hatte es geschafft und konnte danach sonntags ausschlafen.
Es war übrigens ein harter Winter, in dem die Lehrgangsteilnehmer auch zum Schneeräumen eingesetzt wurden (Foto auf der Folgeseite).

Foto: privat

Ernst Hunsicker (2. von rechts) mit Schneeschaufel
und „Hausmütze weich" auf dem Kopf.

Das „Bergfest" als gesellschaftlicher Höhepunkt

Die 3. Lehrhundertschaft gibt sich die Ehre, zu dem am
6. Oktober 1962 im Hotel „Reinhardswald" stattfindenden

Gemütlichen Beisammensein

mit Tanz

aus Anlaß der bestandenen Zwischenprüfung herzlich einzuladen.
Beginn: 20.00 Uhr

Polizeihauptkommissar und
Lehrhundertschaftsführer

Lehrgangsältester

Nach etwa einem halben Jahr und bestandener Zwischenprüfung wurde, wie sich aus der Einladung ergibt, zu einem offiziellen „Bergfest" eingeladen. Eine besondere Herausforderung war die erwartete Damenbegleitung, denn so eine Dame musste ja erst einmal gefunden werden.

Sicherlich gab es in Hann. Münden viele junge und auch hübsche Frauen, um die Polizeischüler, Bundeswehrsoldaten und erst recht die einheimischen Jünglinge gleichermaßen buhlten. Deshalb bedurfte es erheblicher Anstrengungen, um eine „Bergfestdame" zu finden. Hinzu kam die Erschwernis, dass wir während des 1. Halbjahres an den Samstagen um 23.00 Uhr im Bett sein mussten, was auch nicht gerade dazu beitrug, eine Frauenbekanntschaft zu machen. Viele junge Frauen waren auch noch an frühere Polizeischüler gebunden.

Da das „Bergfest" rechtzeitig angekündigt worden war, befanden sich die Polizeischüler an den Wochenenden im „Jagdfieber" und nutzten ihre Freizeit im „Bergschlößchen" und „Schützeneck" sowie beim Tanztee im Hotel „Reinhardswald", wo dann ja auch bald das „Bergfest" stattfinden sollte.

Ich lernte dann auch bei einem Tanztee eine nette, junge und hübsche Maid kennen, die aber leider aus Uslar (Solling) kam und nur zu Besuch in Hann. Münden weilte. Aus diesem Kennen lernen ergaben sich ein längerer Briefkontakt und auch ein Wochenendbesuch in Uslar, aber zu unserem „Bergfest" konnte die Maid leider nicht anreisen.

Also ging die Suche weiter, und so lernte ich Helga[1] kennen, die in Hann. Münden am Sportplatz wohnte und bereit war, mich zum „Bergfest" zu begleiten.

---

[1] Name und Anschrift habe ich auf der „Bergfest-Karte" handschriftlich notiert, sodass der Name noch präsent ist.

Bereitschaftspolizei Hannover (1963 bis 1965)

Tod eines Kollegen durch fahrlässige Waffenhandhabung
*Während meiner Zeit in der 1. Hundertschaft lagen wir während der
Mittagspause auf unseren Betten und dösten bis zum Dienstbeginn vor
uns hin. Durch einen schussartigen Knall, der aus unserer unmittelba-
ren Nähe kam, wurden wir schlagartig hellwach, ohne diesen Knall
zunächst irgendwie zuordnen zu können.*
*Es stellte sich dann aber bald heraus, dass etwas Tragisches passiert
war: Kraftfahrer der 1. Hundertschaft, die in dem Stockwerk über uns
wohnten, hatten kurz zuvor auf dem Ausbildungsplatz vor dem Unter-
kunftsgebäude ihre Waffen entladen (Waffenappell).*
*Nach der Rückkehr auf die Stuben hat ein Kraftfahrer – aus welchen
Gründen auch immer – seine Dienstwaffe (Pistole P 1 bzw. P 38, Wal-
ther²) gezogen und in Richtung eines anderen Kraftfahrers abgedrückt.
Dabei ging der „Waffenhantierer" davon aus, dass seine Waffe entladen war, sich also keine Patrone im Lauf befand. Dem war aber nicht
so, denn es löste sich ein Schuss, von dem ein Kollege getroffen wurde,
der kurz darauf an den Verletzungen verstarb.³*
*Es hieß, dass der Sanitätswagen der Bereitschaftspolizei nicht zur Ver-
fügung stand, weil das Kfz für einen Wäschetransport eingesetzt war.*
*Ein weiterer Kollege hatte Glück, weil das Geschoss, das den Körper
des tödlich Verletzten durchschlug, an seinem Kopf vorbei flog, um
dann in der dahinter liegenden Wand einen Schussdefekt zu verursa-
chen.*
*Spielerisches Hantieren mit der Schusswaffe war übrigens nicht die
Ausnahme, obwohl wir uns über die Gefährlichkeit total im Klaren waren; auch, dass bei Spielereien mit diesen „Dingern" die Entlassung
aus dem Polizeidienst drohte.*
*In einem meiner Fotoalben habe ich ein Foto gefunden, dass mich auch
in Schusspose zeigt. Durchaus üblich, wenn es um solchen – noch
harmlosen – „Budenzauber" ging (Foto auf der Folgeseite).*

---

² Walther P 1 – Wikipedia: „Die Pistole **P1** war die Standard-Dienstpistole der
Bundeswehr. Bei der Bereitschaftspolizei wurde sie von den Angehörigen des mittleren Dienstes geführt. Sie ist eine leichte Modifikation der P 38 der Wehrmacht
und diente der Verteidigung im Nahkampf bei Ausfall der Hauptwaffe bzw. dem
Selbstschutz von Führungspersonal und Soldaten des Sanitätsdienstes. Die Pistole
hat ein Kaliber von 9 mm."
³ Der Tod dieses Kollegen hat mich besonders betroffen gemacht, weil er aus Meppen (Ems) kam, wo ich jahrelang zur Schule gegangen bin und für den SV Meppen
in der A-Jugend Fußball gespielt habe.

Foto: privat

Die Fotos (oben und unten) verdeutlichen auch den „Wohnkomfort" Anfang der 60er Jahre in der Bereitschaftspolizei.

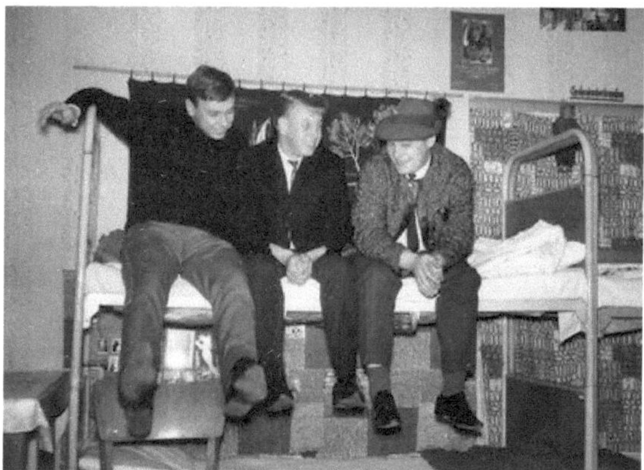

Foto: privat

Ernst Hunsicker (auf dem Foto links) mit „Stubenkameraden".

Polizeiabschnitt Lingen (1965 bis 1967)

Welche Gefahren von Schusswaffen ausgehen können, musste ich dann selbst auch erfahren.

Schussauslösung durch falsche Waffenhandhabung
In einem Nachtdienst wurde ein Einbruch in einen Karosseriebaubetrieb in Lingen, Rheiner Straße (unmittelbar neben der Fernfahrergaststätte „Ewige Lampe" gelegen), gemeldet.
Ein Firmenangehöriger erwartete uns bereits vor dem Betrieb. Mein Kollege und ich haben unsere Schusswaffen durchgeladen, um dann mit vorgehaltener Waffe die Büro- und Fabrikationsräume zu durchsuchen. Die Durchsuchung war ziemlich zeitaufwendig, weil in einer größeren Halle fertige bis halbfertige Karosserien und Karosserieaufbauten standen, die alle abgesucht werden mussten. Um es kurz zu machen: In den Räumen wurden keine Einbrecher festgestellt.
Anschließend wollten wir unsere Schusswaffen wieder in einem Flur vor dem Bürotrakt entladen. Plötzlich gab es einen lauten Knall, weil sich aus der Pistole meines Kollegen ein Schuss gelöst hatte. Das Projektil prallte als Querschläger vom Fußboden zurück in die Deckenvertäfelung. Puh – und mal wieder Glück gehabt.

Und noch einmal Glück, weil die Grundsätze der Eigensicherung nicht beachtet wurden. An der Polizeischule und in der Bereitschaftspolizei wurde uns die Theorie hinreichend vermittelt und auch praxisnah geübt; in der praktischen Umsetzung setzte dann aber Nachlässigkeit – gepaart mit mangelnder Erfahrung – ein.

Gefährliche „Tankbetrüger" – oder:
Eigensicherung als Lebensversicherung
Kollegen der Polizei Nordhorn teilten uns mit, dass ein mit drei Männern besetzter Pkw an einer Tankstelle in Nordhorn betankt worden sei, ohne die Tankung anschließend zu bezahlen. Die Fluchtrichtung sei nicht genau bekannt. Unter Hinweis auf die Kfz-Marke und die Kfz-Farbe wurden wir um Mitfahndung gebeten.
Ein älterer und eigentlich erfahrener Kollege und ich fuhren auf der B 213 Richtung Nordhorn, um an einem Parkplatz Position zu beziehen. Und siehe da, der beschriebene Pkw mit drei Männern an Bord fuhr uns „direkt in die Arme", d.h., wir konnten den Fahrer auf den Parkplatz weisen. Die drei Männer erklärten, das Bezahlen der Tankung vergessen zu haben.

Da sich die Männer nicht hinreichend ausweisen konnten, haben wir alle 3 in den Fond unseres Streifenwagens „verfrachtet", um dann zu unserer Dienststelle zu fahren.

Die „Sistierung" haben wir den Kollegen in Nordhorn mitgeteilt, die daraufhin erklärten, nach Lingen zu kommen, um die Männer zur Durchführung weiterer Ermittlungen zu übernehmen. So war es dann auch. Die drei Männer wurden abgeholt und die Sache schien damit für uns erledigt.

Aber dann kam der Hammer: Aus Gründen, die mir nicht bekannt sind, wurden die Männer (Täter) vorläufig festgenommen und in Haftzellen eingeschlossen. Vor dem Einschließen wurden alle durchsucht, und erst jetzt wurde festgestellt, dass ein Täter eine scharfe Schusswaffe mit Munition mitführte.

Großes Glück gehabt, wenn man überlegt, was alles hätte passieren können. Aber es war mir eine Lehre fürs weitere Polizeileben!

Wie bereits in **Teil 1** geschildert, hatten wir es während meiner Lingener Zeit bei der Schutzpolizei immer wieder mit Trunkenbolden zu tun, die auch noch meinten, in diesem Zustand ein Kraftfahrzeug führen zu müssen. Hier noch so eine Geschichte:

Auf den Spuren eines Trunkenheitsfahrers
Zusammen mit einem Kollegen war ich auf nächtlicher Streifenfahrt im Raum Lengerich-Bawinkel. In Gersten kam uns aus Richtung Haselünne ein Pkw-Fahrer entgegen. Wir hielten rechtzeitig, um diesem Fahrer mit der Anhaltekelle ein Stoppzeichen zu geben, was dieser jedoch ignorierte. Nur durch einen Sprung zur Seite konnten wir uns in Sicherheit bringen.

Da wir den Streifenwagen erst wenden mussten, hatte der „Flüchtling" einen ziemlichen Vorsprung. Doch uns kam „Kommissar Wetter" zur Hilfe, denn es hatte gerade angefangen, leicht zu nieseln. Auf der Fahrbahn konnten wir so bestens die Reifenspuren und somit auch die Fluchtrichtung erkennen, sodass wir bereits nach kurzer Zeit den Flüchtigen auf Grund „verräterischer Spuren" vor uns hatten.

Der Verfolgte erhöhte, da er die Gefahr im Nacken spürte, die Geschwindigkeit. Allerdings kam er mitten in Lengerich abrupt zum Stehen, weil er von der Fahrbahn abgekommen war und mit der Vorderachse seines Pkw auf einem Hydranten hing.

Als wir diesen Ort erreichten, war der Pkw in Qualm gehüllt, denn der Fahrer versuchte bei durchdrehenden Reifen erfolglos, sich aus diesem Schlamassel zu befreien.

Nachdem wir den stark alkoholisierten Fahrer, der aus dem (damaligen) Landkreis Meppen kam, aus seinen Pkw herausgezogen hatten, erklärte dieser, nicht im Besitz einer Fahrerlaubnis zu sein. Diese sei ihm bereits wegen einer früheren Trunkenheitsfahrt entzogen worden.
Was folgte, war eine Blutprobenentnahme durch den regionalen Blutprobenarzt Dr. S., der nur wenige Häuser entfernt in Lengerich wohnte.
Nach Rückkehr auf der Lingener Wache musste noch die Strafanzeige wegen diverser Delikte geschrieben werden.

Ein weiteres Alkohol-Kuriosum im Straßenverkehr:

Vorsicht unter Alkoholeinfluss
Während einer anderen nächtlichen Streifenfahrt kam uns zwischen Mundersum und Bramsche (jeweils Altkreis Lingen) ein Kfz entgegen. Auf schnurgerader Strecke konnten wir dieses Fahrzeug bereits in weiter Entfernung ausmachen. Schon nach kurzer Zeit stellten mein Streifenkollege und ich fest, dass wir uns einem stehenden Kfz näherten.
Am Kfz angekommen erklärte uns der volltrunkene Fahrer lallend, dass er auf Grund seiner Alkoholisierung bei Gegenverkehr vorsorglich anhalte. Der Aufforderung, sein Kfz zu verlassen, kam der Fahrer nur zögerlich nach, weil er sich nicht mehr auf den Beinen halten konnte. Trotz dieser Vorsichtsmaßnahme kam der Fahrer an einer Blutprobe nicht vorbei. Das Ergebnis war dann auch entsprechend: über 3 Promille.

Die Eilfahrten mit Sondersignalen – also mit „Blaulicht und Martinshorn" – zu schweren Unfällen waren nicht nur für uns als Fahrzeugbesatzung gefährlich, sondern auch für unbeteiligte Passanten – in diesem Fall für marschierende Soldaten.

„Soldatenglück"
Im Winter wurde bei Schnee und Eis ein schwerer Unfall mit Personenschaden auf der so bezeichneten „Todeskreuzung" in Wietmarschen-Schwartenpohl[4] gemeldet. Auf dem Weg zum Unfallort kam ich als Führer eines Streifenwagens, Mercedes 180, auf glatter Fahrbahn in einer Kurve vom rechten Weg ab und landete zum Entsetzen meines Streifenführers auf einem Acker. Das wäre nicht weiter schlimm gewesen, wenn nicht neben der Fahrbahn gerade eine Bundeswehrkolonne

---

[4] Wietmarschen war immer wieder von Gebietsreformen betroffen – mal gehörte es zum (ehemaligen) Landkreis Lingen, mal zur Grafschaft Bentheim.

marschiert wäre. Die Soldaten haben aber die auf sie zukommende Gefahr rechtzeitig erkannt und konnten sich in Sicherheit bringen.
Glück im Unglück für alle Beteiligten: Die Soldaten waren unverletzt, und wir kamen mit Hilfe der schiebenden Soldaten wieder auf die Fahrbahn zurück, um danach mit weniger Eile zum Unfallort zu gelangen.

Heutzutage hört, sieht und liest man immer wieder von großartig angelegten Bombenräumungen mit allen denkbaren Vorsichtsmaßnahmen, was bestimmt richtig ist. Polizeibeamte, die den 2. Weltkrieg überlebt haben, waren da weniger zimperlich.

„Bombentransport" im Kofferraum
An der Lindenstraße in Lingen wurde bei Baggerarbeiten eine Granate aus dem 2. Weltkrieg freigelegt. Ein älterer Kollege mit Fronterfahrung und ich erhielten den Auftrag, uns um diese Granate zu kümmern. Für mich war es der erste Einsatz dieser Art.
Am Fundort angekommen, nahm mein Streifenführer und „Kriegsveteran" das Fundstück und verstaute es im Kofferraum, um dann anschließend mit dieser gefährlichen Fracht durch die Lingener Innenstadt zum Bauhof zu fahren.
Dort angekommen traute ich meinen Augen nicht, als ein Bauhofarbeiter die Granate nahm und aus nicht geringer Entfernung auf einen größeren Haufen Granaten und Bomben warf, die völlig ungesichert in einer Ecke des Bauhofes lagerten.
Nicht auszudenken, was alles hätte passieren können.

Die 60er Jahre sind mit der heutigen Zeit einfach nicht zu vergleichen. Es war auch die Zeit der Geschenke, die damals noch bedenkenlos angenommen wurden.

Noch kein richtiges „Korruptionsgewissen"
Korruption war während der 60er Jahre in Polizeikreisen ein Fremdwort. Heute hört man noch hin und wieder, was der Polizei in dieser Zeit nicht nur zur Weihnachtszeit und zu den Jahreswechseln so alles zugesteckt wurde. Manchmal ist auch die Rede von Kollegen, die im „Organisieren" besonders geschickt und erfolgreich waren.
In Lingen war es zum Beispiel selbstverständlich, dass gegen Ende des Nachtdienstes und mit Beginn des Frühdienstes von der nahe gelegenen Molkerei für alle Schichtdienstkollegen Milch geholt wurde, ohne

diese zu bezahlen. Ebenso selbstverständlich wurde im Nachtdienst die örtliche Tageszeitung „abgestaubt".

Da es auf der Wache kein Fernsehgerät gab, hatte unser sehr pflicht-bewusster Schichtführer nichts dagegen einzuwenden, wenn wir bei „leergefegten" Straßen ein besonderes Fußballspiel vor dem Fernse-her in der Fernfahrerkneipe „Ewige Lampe", Lingen, verfolgten. Für einen möglichen Einsatz waren wir ja telefonisch erreichbar.

Mit Beginn des Fußballspiels holten wir uns bei Artur H., dem „Lam-penwirt", eine Cola und legten zur Bezahlung eine 1-DM-Münze auf den Tresen. Artur schenkte die Cola ein und gab uns zwei 50-Pfennig-Stücke so geschickt zurück, dass für die anwesenden Gäste der Ein-druck eines ordnungsgemäßen Zahlvorgangs entstand.

Noch heute habe ich wegen dieser Vorgänge – obwohl es sich um klei-nere Zuwendungen handelte – ein schlechtes Gewissen.[5]

---

[5] Die Erlasslage „Annahme von Belohnungen und Geschenken" aus der damaligen Zeit ist mir nicht mehr bekannt.

Landeskriminalpolizeistelle Osnabrück (1967 bis 1971)
- 3. Kommissariat -

Das 3. Kommissariat war, wie ich in **Teil 1** meiner Autobiographie herausgestellt habe, nach Beendigung der Ausbildung für den mittleren Vollzugsdienst der Kriminalpolizei mein Wunschkommissariat. In diesem Kommissariat wurden Wirtschafts-, Betrugs-, Fälschungs-, Unterschlagungs- und Beamtendelikte bearbeitet.

Während meiner Zeit im 3. Kommissariat habe ich mir überwiegend mit „Bobby" L. einen Büroraum geteilt. „Bobby" als älterer und dienstgradhöherer Beamter bezeichnete sich spaßeshalber gern als „Bürovorsteher".

„Bretterranchromantik" im südlichen Landkreis Osnabrück
In einem kleinen Kurort im südlichen Landkreis Osnabrück lebte eine Großfamilie, die aus drei oder vier Generationen bestand, gut 10 Personen umfasste und in einer windschiefen „Bretterranch" hauste. Solche Wohnumstände kannte ich bis dato nur aus alten Wildwest-Filmen. Für mich unvergessen, dass der (Ur-)Großvater als Familienoberhaupt gebürtig aus Bad Sülze[6] stammte.
Ein Teil der Familienmitglieder war bei der Polizei mehr oder weniger bekannt und löste wiederholt Polizeieinsätze aus. Auch die Kolleginnen der damals noch existenten Weiblichen Kriminalpolizei (WKP) mussten sich um die minderjährigen Familienmitglieder kümmern.
Aktuell lagen Strafanzeigen von Versandhäusern vor, weil dort Sachen bestellt worden waren, die nach Erhalt unbezahlt blieben.
Als wir, mein selbsternannter „Bürovorsteher" „Bobby" L., eine WKP-Kollegin und ich mit unserem mausgrauen VW-Standard an dieser „Bretterranch", die mitten auf einem Acker stand, ankamen, wurden wir von einer Horde Kinder eigenartig „empfangen": Fußtritte und Spuckattacken gegen unseren Dienstwagen.
Für unsere WKP-Kollegin, die nicht zum ersten Mal dieses Anwesen „besuchen" durfte, war das nichts Neues. Sie hatte uns schon vor Erreichen der Örtlichkeit diesbezüglich gewarnt.
Die Bretterbude bestand, wie die WKP-Kollegin feststellte, nur noch zur Hälfte, die andere Hälfte diente im vorausgegangenen Winter wohl zur Befeuerung der Ofenstelle in einem noch verbliebenen Raum von maximal 30 qm. In diesem Raum lebten und schliefen alle Familienmitglieder. Vegetieren wäre eigentlich der richtige Ausdruck.

---

[6] Bad Sülze, in Mecklenburg-Vorpommern gelegen, verdankt seinen Namen den dortigen Solevorkommen und der damit verbundenen Salzgewinnung.

Einfach unvorstellbare und unhaltbare Zustände in jeder Beziehung Ende der 60er Jahre.

Eine weitere Kuriosität:

Ablagesystem „A bis Z" und „Erben K."

„Bobby" L. hatte einen Vorgang wegen Konkursverschleppung o.Ä. gegen einen Fleischmarkt aus dem Osnabrücker Raum in Bearbeitung. Ein Beschuldigter wohnte in einem Bungalow im Dienstbereich der Kripo Delmenhorst. Mit einem richterlichen Durchsuchungsbeschluss im Gepäck und mit Unterstützung von zwei Kollegen der örtlichen Kripo wollten „Bobby" und ich den Bungalow durchsuchen. Im/am Objekt wurde niemand angetroffen, sodass ein Schlüsseldienst zum Öffnen der Haustür herangezogen werden musste.

In Abwesenheit des Beschuldigten und möglicher Familienmitglieder konnten wir uns in aller Ruhe in den Räumlichkeiten umsehen.

*In einem Büroraum stießen wir auf ein Ablagesystem mit Fächern der Buchstaben von A bis Z. Die Fächer waren überwiegend leer; offenbar gab es nicht so ganz viel zum Ablegen. Zwei Fächer waren jedenfalls belegt: Unter „C" lagen mehrere Jerry Cotton-Hefte[7] und unter „W" stießen wir auf ein Knäuel **weißer Wolle**. Wir fanden das damals ziemlich lustig.*

Ob wir auch Beweiserhebliches für das Konkursverfahren sichergestellt haben, weiß ich nicht mehr. Aber an eine „Tatanzeigende Entdeckung" (Zufallsfund gemäß § 108 StPO) kann ich mich noch gut erinnern:

Neben einer Matrizenmaschine lagen ein paar hundert hektographierte Schreiben mit der Überschrift „Erben K."[8]. Inhaltlich dieser Schreiben war angeblich eine Person namens K. in der Tschechoslowakei verstorben und unser Beschuldigter gab vor, als „Rechtsberater" beauftragt worden zu sein, die Erben für einen lukrativen Nachlass der Person K. ausfindig zu machen. Klar, dass sich aus dem Schreiben auch ergab, dass vor Aufnahme dieser Tätigkeit erst einmal eine nicht unerhebliche Bearbeitungsgebühr auf das Konto des „Rechtsberaters" zu überweisen war. Das System war leicht zu durchschauen: Personen mit dem Namen „K.", die sich ja schnell aus Telefonbüchern herausfinden

---

⁷ Jerry Cotton – Wikipedia: „**Jerry Cotton** ist die im deutschsprachigen Raum kommerziell erfolgreichste Serie von Kriminalromanen. Sie werden der Trivialliteratur bzw. den so genannten Heftromanen zugerechnet. Erfinder der Serie ist *Delfried Kaufmann*. Die Gesamtauflage beträgt ca. 850 Millionen Exemplare;" …

⁸ Köhler, Körner o.Ä.

ließen, sollten ein solch Hoffnung erweckendes Schreiben erhalten, wobei es „unserem Rechtsberater" wohl nur auf die einzustreichende Bearbeitungsgebühr ankam. Folglich haben wir die Matrize und die hektographierten Schreiben sichergestellt und eine Strafanzeige wegen Verdachts des (versuchten) Betruges und wegen Verstoßes gegen das Rechtsberatungsgesetz geschrieben.

Am nächsten Tag meldete sich der von der Durchsuchung und Sicherstellung Betroffene telefonisch bei „Bobby". Er war äußerst ungehalten, denn ihm war ein vielleicht lukratives Geschäft „durch die Latten gegangen".

Landeskriminalpolizeistelle Osnabrück
- Kriminalwache bzw. Kriminaldauerdienst (1968 bis 1972) -

Die Tätigkeit auf der Kriminalwache (bis 1970) und danach im Kriminaldauerdienst (KDD) war voller Abwechselung. Im so genannten „Ersten Angriff" (Sicherungsangriff) hatten wir es mit dem gesamten Spektrum kriminalpolizeilicher Arbeit zu tun (vom Einbruch bis zum Mord).

Mutter mit Kindern als Einbrecherbande – toter Hund im Bett
Am nördlichen Ortsausgang von Bersenbrück lag damals ein Laden für US-Stegwaren, der mit einer Alarmanlage ausgestattet war. In diesen Laden wurde wiederholt eingebrochen; allerdings konnten die Täter mit Auslösen der Alarmanlage jeweils vor Eintreffen der Polizei flüchten. Deshalb entschied sich die/der Ladeninhaber/in für eine stille Alarmauslösung.
Kurz darauf wurde ein stiller Alarm während der Nachtzeit ausgelöst. Die sofort informierte Polizei traf kurz danach am Tatort ein und stellte einen Pkw mit CLP-Kennzeichen vor dem Objekt fest. Im Pkw saßen/lagen mehrere Kleinkinder. Im Objekt selbst wurde eine Frau mittleren Alters festgenommen, die in Begleitung halbwüchsiger Kinder war, die ganz offenbar beim Verladen des Diebesgutes behilflich sein sollten.
Es stellte sich dann schnell heraus, dass diese Frau samt Kinder auf Geheiß ihres Ehemannes auf nächtlicher Einbruchstour war.
Nach Mitteilung des Sachverhalts bin ich nach Bersenbrück gefahren, um dort den Vorgang zu übernehmen und die Beschuldigte sowie die älteren Kinder zu vernehmen. Alle waren geständig; irgendwelche Ausflüchte gab es ja auch nicht. Da keine Haftgründe vorlagen, wurden alle Personen später entlassen.
Zwischenzeitlich hatte ich aber Kontakt zu dem örtlich zuständigen Polizeikollegen im Bereich Cloppenburg aufgenommen, weil er mich bei der anschließenden Durchsuchung der Wohnung unterstützen sollte.
Im Bereich Cloppenburg wurde ich bereits von dem Kollegen erwartet, und wir sind gemeinsam zur Beschuldigtenwohnung gefahren. Es handelte sich dabei um eine Art Resthof, also um ein ehemaliges kleineres landwirtschaftliches Anwesen.
Angetroffen wurde der Ehemann der Beschuldigten. Bei der Durchsuchung des Anwesens stießen wir auf einige Gegenstände deliktischer Herkunft, die sichergestellt wurden.

Überraschung: Als ich in einem Raum, der wohl als Schlafzimmer diente, ein Oberbett zurückschlug, stieß ich auf einen toten Hund (Welpe).

Noch zu einem Einbruch, der für die Hausbewohner von traumatischer Bedeutung gewesen sein muss.

Einbruchs-Vandalismus

In einem meiner Wachdienste wurde ich nach Engter (Landkreis Osnabrück) in eine Neubausiedlung gerufen, weil dort in ein Einfamilienhaus während der Abwesenheit der Bewohner eingebrochen worden war.

Nun sind Wohnungseinbrüche zur Tages- oder auch Nachtzeit eigentlich nichts Besonderes. In diesem Fall schon, denn ein solches „Tatort-Muster" kannte ich bis dato nicht und ist mehr auch später nicht mehr untergekommen:

Der oder die Einbrecher hatten das gesamte Haus verwüstet. Die Federbetten aus den Schlafzimmern in der oberen Etage waren aufgeschlitzt und die Bettfedern von der Empore nach unten in den Wohnraum „geschneit". In Gläsern eingemachtes Obst und Gemüse sowie Ketchup aus dem Kühlschrank klebte an Wänden, Möbeln und auf den Fußböden, weil gefüllte Gläser und Flaschen gegen die Wände geschleudert worden waren.

Die just aus dem Urlaub zurückgekehrten Hausbewohner waren bei diesem Anblick sicher wieder urlaubsreif. Offenbar sollte den Bewohnern – aus welchen Gründen auch immer – ein Denkzettel verpasst werden. Vielleicht war das Motiv auch purer Neid.

Ob der oder die Täter ermittelt wurde(n), entzieht sich meiner Kenntnis.

Besondere Feiertage wie Heiligabend, Weihnachten oder auch Sylvester/Neujahr haben es manchmal in sich.

Lebensbeichte am Heiligabend

Während eines Spätdienstes erschien am Heiligabend ein jüngerer Mann (Informant), der sich wohl kurz vor dem Jahresende von seinem umfangreichen Wissen um Kriminalfälle „befreien" wollte.

Es fing eigentlich ganz harmlos an, als dieser junge Mann erklärte, von einigen Straftaten in und um Osnabrück zu wissen. Ich habe mich im Vernehmungszimmer mit ihm unterhalten und stellte schon bald fest, dass ich es mit einer längeren Geschichte zu tun hatte, die ich über

Stunden als Vernehmung (nach entsprechender Belehrung) zu Papier gebracht habe.

Kurz und gut: Es ging um zwei zu der Zeit in Osnabrück bekannte Intensivtäter, die laut Kriminalakten insbesondere als Einbrecher, Räuber und Zuhälter in Erscheinung getreten waren; dazu kamen noch Verstöße gegen das Waffengesetz.

Von solchen – bisher noch nicht angezeigten bzw. noch nicht geklärten – Straftaten wusste der Informant auch zu berichten.

Gegen die beiden Intensivtäter wurde nach den Feiertagen Haftbefehle beantragt und sie fanden sich danach als Untersuchungshäftlinge in der Justizvollzugsanstalt Osnabrück wieder.

Als Angehöriger des 3. Kommissariats war ich für diese Straftaten eigentlich gar nicht zuständig. Aber es wurde entschieden, dass ich diesen Vorgang als aufnehmender Beamter auch zu Ende bringen sollte.

Da hatte ich mir schön was eingebrockt; denn es folgten über mehrere Wochen oft stundenlange Vernehmungen der beiden Intensivtäter in der Justizvollzugsanstalt, weil sich die beiden Inhaftierten nun auch noch gegenseitig diverser Straftaten beschuldigten.

Im Ergebnis hatte der Informant ganz erheblich zur Aufklärung von Straftaten beigetragen.

Auf der Kriminalwache hatten wir es, wie bereits in **Teil 1** geschildert, auch immer wieder mit unnatürlichen Todesfällen zu tun. Zur Klärung der Todesursachen mussten häufig Angehörige einbezogen und nicht selten auch Todesnachrichten überbracht werden.

Mord im Hotel

In einem Nachtdienst teilte mir ein Kollege des Einsatz- und Streifendienstes (ESD) am Telefon lapidar mit „Wir haben einen Mord“. Der Anruf des Kollegen kam aus einem Hotel an der Bremer Straße in Osnabrück. Nach ersten Informationen hatte man einen Hotelgast im Treppenhaus des Hotels blutüberströmt gefunden. Der hinzu gerufene Arzt konnte nur noch den Tod des Mannes, Handelsvertreter L. aus Hamburg, feststellen. Mehrere Stichverletzungen im Bereich des Oberkörpers waren offensichtlich todesursächlich.

Als Wachgruppenleiter habe ich zwei Kollegen meiner Wachgruppe zum Tatort entsandt, den Kriminalkommissar vom Dienst (KvD) und weitere Vorgesetzte verständigt sowie die Mordkommission alarmiert.

Einen Tatverdacht gab es zunächst nicht. Erste Vermutungen gingen in die Richtung, dass der/die Täter vom Jahrmarktgelände der nahe gele-

genen „Halle Gartlage" kommen könnte/n, wo sich gerade „fahrendes Volk" aufhielt.

Im Laufe der Nacht konnten die Personalien des Toten, der offenbar Opfer eines Raubmordes geworden war, festgestellt werden. Ich habe daraufhin die Kripo Hamburg über den Sachverhalt informiert und darum gebeten, Angehörige zu benachrichtigen. Noch während des Nachtdienstes rief mich die Ehefrau des Opfers an. Sie erklärte mir, die Hamburger Kripo habe sie gebeten, sich bei mir telefonisch zu melden, weil etwas mit ihrem Mann passiert sei. Da man die Frau wohl über das Schicksal ihres Mannes im Unklaren gelassen hatte, musste ich ihr am Telefon den Tod ihres Mannes vermitteln.

In den Morgenstunden des Folgetages stellte sich heraus, dass ein e-benfalls im Hotel wohnendes „Pärchen" fluchtartig unter Mitnahme auffälliger Pepita-Koffer abgereist war. Anfragen bei Taxizentralen ergaben, dass ein Taxifahrer in Hotelnähe ein Paar aufgenommen und zum Hauptbahnhof Osnabrück gefahren hatte.

Sofort eingesetzte Beamte der Mordkommission kamen zu spät. Ein Schalterbeamter erklärte, dass er Fahrkarten an eine männliche und weibliche Person, auf die die Personenbeschreibungen zutrafen, ver-kauft habe. Diese beiden Personen seien aber bereits vor Stunden mit einem Zug abgereist. Der Schalterbeamte wusste noch zu berichten, dass sich an den Geldscheinen rote Farbanhaftungen befunden hätten (wahrscheinlich Blut).

Die weiteren Ermittlungen ergaben, dass sich das Opfer und das tat-verdächtige „Pärchen" vor der Tat zusammen an der Hotelbar auf-gehalten hatten. Welche Rolle dabei die tatverdächtige Frau gespielt hat, kann ich heute nicht mehr sagen. Jedenfalls sind die Täter in das Hotelzimmer des Handelsvertreters gelangt, um ihn dort auszurauben. Das große und kräftige Opfer muss erhebliche Gegenwehr geleistet haben, sodass das „Tatpärchen" mit einem Messer auf ihn einstach. Dem Opfer gelang es noch, sich bis ins Treppenhaus zu schleppen.

Die Ermittlungen der Osnabrücker Mordkommission führten zunächst zu keinem konkreten Tatverdacht, weil sich das „Pärchen" unter fal-schen Namen im Hotel eingemietet hatte.

Viel später kam es in einem Ulmer Hotel zu einem weiteren Raubmord. Hier konnte kurz nach der Tat das dringend tatverdächtige Ehepaar G. vorläufig festgenommen bzw. verhaftet werden. Beide haben dann auch die Tat an dem Hamburger Handelsvertreter in einem Osnabrücker Hotel gestanden. Sie erklärten noch, dass sie in Osnabrück im Besitz einer „scharfen" Schusswaffe waren und von dieser auf ihrer Flucht rücksichtslos Gebrauch gemacht hätten. Nur gut, dass die Kollegen der

Osnabrücker Mordkommission erst nach der Abreise des „Tatpär-
chens" im Hauptbahnhof Osnabrück eintrafen.

Kriminalpolizeiinspektion Lingen (1978)

Im Februar 1978 wurde ich auf eigenen Wunsch zur Kriminalpolizeiinspektion (KPI) Lingen/Ems versetzt und als Leiter des 3. Kommissariats (Wirtschafts-, Betrugs-, Unterschlagungs-, Fälschungs- und Beamtendelikte) eingesetzt. Zusätzlich musste ich im Wechsel mit anderen Kommissariatsleitern als Kommissar vom Dienst (KvD) außerhalb der Regeldienstzeit Bereitschaftsdienst versehen. So wurde ich auch über bedeutende Kriminalfälle und sonst wichtige Ereignisse, die in die Zuständigkeit anderer Kommissariate fielen, unterrichtet. Mein Aufenthalt in Lingen war nur von kurzer Dauer, denn ich wurde bereits gegen Ende des Jahres 1978 zur Landespolizeischule Niedersachsen, Hann. Münden, abgeordnet, wo ich als Fachlehrer in Kommissarslehrgängen tätig war.

Rauschgiftaktion und Einsatz eines „Geldspürhundes"
Während dieser kurzen Lingener Zeit teilte mir der Rauschgiftsachbearbeiter K. mit, dass er noch in den Abendstunden einen Haftbefehl gegen einen Rauschgiftdealer (Zielperson) im Bereich Haselünne/Herzlake vollstrecken und dessen Wohnung durchsuchen müsse.
Zusammen mit dem Kollegen K. bin ich zur Wohnung dieser Zielperson gefahren. Amtshilfe leistete ein Zollbeamter, der einen Rauschgiftspürhund führte.
Die Wohnung der Zielperson befand sich in einem Gebäude einer ehemaligen einklassigen Dorfschule.[9] Bei unserem Eintreffen dröhnte uns aus dem Gebäude Rockmusik entgegen. Unsere Zielperson und seine sichtbar schwangere Freundin, die noch minderjährig schien, waren in guter Stimmung. Gab es was zu feiern?
Diese gute Stimmung schlug schlagartig um, als der Zielperson der Grund unseres Erscheinens mitgeteilt wurde.
Der „zolleigene" Rauschgiftspürhund, ein Cockerspaniel, zeigte sich als besonders handlich, denn er konnte auch in Schränken über Kopfhöhe eingesetzt werden. Dort wurde er aber nicht fündig.
Besonderes interessiert zeigte sich der Hund für einen alten Polstersessel. Er bellte, kratzte an diesem Sessel und verbiss sich sogar in diesem Sitzmöbel. Sollte in diesem Sessel etwa Rauschgift versteckt sein?

---

[9] In den 50-er und auch noch in den 60-er Jahren war es im Emsland als einer strukturschwachen Gegend durchaus üblich, dass eine Hauptschule lediglich aus einer Klasse bestand, also alle Kinder der 1. bis 8. Klasse in einem Klassenraum gemeinsam unterrichtet wurden, was man sich heute gar nicht mehr so richtig vorstellen kann.

*Der Sessel wurde daraufhin akribisch abgesucht, letztendlich die Stoff-
verkleidung des Sessels aufgetrennt. Und siehe da, in mehreren Tüten
kamen zig wertvolle Maria-Theresien-Taler zum Vorschein.*

Maria-Theresia-Taler, geprägt in Rom.[10]

*Da sich in dem Sessel kein Rauschgift befand, gibt es nur folgende Er-
klärungen: Der Sessel muss vorher auch als Versteck für Rauschgift
gedient haben oder der Sessel, die Tüten bzw. die Silbertaler selbst hatten irgendwelche Rauschgiftanhaftungen.*
*Die Silbertaler, die ganz offenbar in einem deliktischen Zusammen-
hang standen, wurden sichergestellt.*
Der Verfahrensausgang entzieht sich meiner Kenntnis.

---

[10] ... „Der Taler war bis zum 31. Oktober 1858 gesetzliches Zahlungsmittel in
Österreich. Bis weit ins 20. Jahrhundert war er anerkanntes Zahlungsmittel in wei-
ten Teilen Afrikas und Asiens bis in den indischen Raum. Im arabischen Raum
wurde er Abu Kush oder Abu Noukte genannt. Eine Reihe von europäischen Staa-
ten prägten Großsilbermünzen, die den Maria-Theresia-Thaler nachahmten, so z.B.
Venedig, das Königreich Italien, Preußen oder Ragusa. Hierbei wurde das Erschei-
nungsbild imitiert. ... Der Taler hat einen Durchmesser von 39,5 mm, ist 2,5 mm
dick, und wiegt 28,0668 g. Das Feingewicht in Silber beträgt 23,389 g.“
(**Text und Abbildung unter:** http://de.wikipedia.org/wiki/Maria-Theresien-Taler)

Landespolizeischule Niedersachsen
Ausbildungsstätte Bad Iburg (1982 bis 1988)

In **Teil 1** habe ich ausführlich über meine Zeit an der Ausbildungsstätte geschrieben. Ein Ereignis ist mir allerdings noch eingefallen.

„Lüneburger Heide" als Erlebnispark – oder:
Abzocke wie sprichwörtlich auf „St. Pauli"
Während meiner Bad Iburger Zeit führte uns als Stammpersonal (Leitung, Fachlehrer, Ausbilder, Tarifpersonal) eine Gemeinschaftsveranstaltung („Wandertag") in die „Lüneburger Heide", wo wir eine Enttäuschung nach der anderen erlebten.
1. Enttäuschung:
Vormittags trafen wir nach einer längeren Busanreise in der Heide ein – und schon gab es den ersten Ärger. Wir hatten uns am Rand einer Wiese niedergelassen, wo wir auf einen Kutscher mit Pferdegespann (Planwagen) warteten, der uns für ein paar Stunden durch die Heide fahren sollte. Unser Lagern am Wiesenrand missfiel einem Schäfer, der uns in barschem Ton aufforderte, die Wiese sofort zu verlassen. Um seiner Aufforderung Nachdruck zu verleihen, brachte er auch seine beiden Hunde in Angriffsposition. Nach kurzer Diskussion mit dem rabiaten Schäfer haben wir die Wiese verlassen, um nun am Straßenrand auf das Pferdefuhrwerk zu warten.
2. Enttäuschung:
Mit einiger Verspätung erschien dann eine Kutscherin mit dem Gespann und es ging im Galopp durch die Heide zum „Wilseder Berg", wo bereits an die 50 (!) Pferdekutschen o.Ä. standen. Nach einem Kurzaufenthalt drängte die Kutscherin auf Weiterfahrt, wobei sie nicht vergaß, immer wieder auf die bei ihr zu kaufenden Getränke hinzuweisen. Zu pünktlich kamen wir am Ausgangspunkt an, wo bereits ungeduldig eine weitere Personengruppe auf die nächste Fahrt wartete.
3. Enttäuschung:
Nach der Eilfahrt mit der Kutsche kehrten wir in eine nahe gelegene Gaststätte ein, d.h., wir saßen bei sonnigem Wetter auf der Terrasse dieser Gaststätte. Ein Kollege bestellte für „unseren Tisch" Getränke. Die Kellnerin kam, nahm die Bestellung entgegen, brachte die Getränke und forderte den Kollegen auf, die Bestellung sofort zu bezahlen. Der Kollege zahlte mit einem 100-DM-Schein und wartete auf die Rückgabe des Restgeldes. Nach längerem Warten wurde der Kollege unruhig, sodass ich die Kellnerin aufforderte, das Restgeld herauszugeben. Diese erklärte jedoch mit dem Brustton der Überzeugung, dass

sie den 100-DM-Schein verloren habe. Zugleich öffnete sie ihre Kellnertasche und verwies darauf, dass sich darin ja wohl kein 100-DM-Schein befinde. Wir haben der Kellnerin dann gemeinsam mit Nachdruck erklärt, dass das ihr Problem sei. Die Kellnerin verschwand daraufhin und tat so, als sei die Sache damit erledigt. Ich habe sie dann noch einmal angesprochen und nach dem Gastwirt gefragt; außerdem schon mal leicht darauf hingewiesen, dass sie es an diesem Tisch mit Polizeibeschäftigten zu tun habe. Erst jetzt war sie bereit, das Restgeld herauszurücken. Bleibt zum Schluss die Frage offen, wie oft die Kellnerin mit diesem plumpen Trick wohl schon erfolgreich war.

Was bleibt als Erinnerung? Die „Lüneburger Heide" – ein Erlebnispark der besonderen Art.

Kriminalpolizeiinspektion Lingen (1993/94)

Bei der (Kriminal-)Polizei kann man viel erleben. Deshalb herrscht das Motto vor „Es gibt nichts was es nicht gibt!". Manchmal kommen allerdings Zweifel auf, ob sich Ausgesagtes wohl tatsächlich so ereignet haben kann. Was jetzt folgt, ist eine wirklich unglaubliche Geschichte. Man kann sich kaum vorstellen, dass so etwas überhaupt denkbar ist, was sich aber laut Literatur durchaus ereignet oder ereignet haben soll.[11]

Babyopfer durch Satanisten?
Eines Tages meldete sich bei mir als Leiter der Kriminalpolizeiinspektion Lingen telefonisch Herr Oberstaatsanwalt G., Staatsanwaltschaft Osnabrück. Er wies auf einen hochbrisanten Vorgang hin, den er mit mir persönlich besprechen müsse. Oberstaatsanwalt G. erschien dann auch kurz darauf mit mehreren Aktenbänden bei mir im Büro.
In den Akten befanden sich Vernehmungen einer jungen Frau, die gegenüber einer Richterin in mehreren Sitzungen über satanistische Handlungen in einem kleineren Ort im Bereich Lingen/Nordhorn ausgesagt hatte. Nach den Bekundungen dieser jungen Frau sollten mehrere Babys in einem Kellerraum, gelegen unter einem Bodybuildingstudio, durch Satanisten geopfert worden sein. Die Köpfe der getöteten Babys seien in dem „Opferraum" in einem Regal „ausgestellt". Die Körper habe man in einer genau bezeichneten Bodensenke in der Nähe Opferstätte vergraben.
Diese junge Frau hatte den Sachverhalt so detailliert geschildert, dass die vernehmende Richterin von den Taten (ziemlich) überzeugt war.
Ich habe gegenüber Oberstaatsanwalt G. sofort zum Ausdruck gebracht, dass ein solcher Sachverhalt (wahr oder unwahr) für die Kriminalpolizeiinspektion Lingen – auch schon wegen der Durchführung verdeckter Maßnahmen – überdimensioniert sei und angeregt, dass sich die Kriminalpolizeiinspektion Organisierte Kriminalität in Oldenburg oder alternativ das Landeskriminalamt Niedersachsen dieser Sache annimmt. Letztendlich hat die Ermittlungsabteilung des Landeskriminalamtes das Verfahren übernommen.
Über das wesentliche Ermittlungsergebnis wurde ich später informiert:

---

[11] Literaturbeispiele:
- *Ulla Fröhling*, Vater unser in der Hölle – Tatsachenbericht (1996),
- *Michaela* Huber, Multiple Persönlichkeiten – Überlebende extremer Gewalt (1995).

*In dem genannten Ort gab es ein Bodybuildingstudio, allerdings befand
sich darunter kein Kellergeschoss.*

*Die bezeichnete Bodensenke, wo die Körper der getöteten Babys ver-
graben worden sein sollten, konnte auf Grund der geschilderten Ein-
zelheiten ausgemacht werden. In einer „Nacht- und Nebelaktion" haben die LKA-Ermittler Grabungen unter Einsatz von Leichenspürhun-
den vorgenommen, ohne auf Leichen(-teile) zu stoßen oder sonstige
Hinweise darauf zu erhalten.*

*Im Rahmen der Amtshilfe haben mit Wärmebild- bzw. Infrarotkameras
ausgerüstete Flugzeuge der Bundeswehr[12] das bezeichnete Gebiet über-
folgen und Aufnahmen gefertigt. Auch hierdurch haben sich keine Hinweise auf Erdbewegungen oder auf Leichen(-teile) ergeben.*

---

[12] **„Mit einer Geschwindigkeit von bis zu 900 Kilometer pro Stunde fahnden
Kampfflugzeuge der Bundeswehr im Ernstfall nach Vermissten und Ermorde-
ten oder sie spüren Lecks an Deichen auf, die mit herkömmlichen Methoden
erst viel später entdeckt werden können.**
Dazu werden die Tornados mit einem so genannten Recce-Pod ausgestattet, einer
710 Kilogramm schweren Box, die drei Kameras enthält. Diese beobachten während des Überflugs in einer Höhe von bis zu 2500 Metern die Erdoberfläche. Wichtigste Suchhilfe ist die Infrarotkamera, die Temperaturunterschiede ab 0,2 Grad
erkennt. Menschen, die sich im Freien versteckt halten, lassen sich ebenso detektie-
ren wie Leichen, die eingestrahlte Wärme anders abgeben als beispielsweise Erd-
reich. Droht ein Deichbruch, erkennt die Kamera Zonen, die durch unterirdisch
ausströmendes Wasser kühler sind als die Umgebung. Ein Teil der Bilder wird bereits während des Fluges vom Waffensystemoffizier ausgewertet."
(Quelle: http://www.wiwo.de/unternehmer-maerkte/fahndung-mit-hoechsttempo-
363990/)

Es bleibt festzuhalten, dass sich die richterlich niedergelegten Aussagen der jungen Frau in keiner Form bestätigt haben, sodass die Ermittlungen abgeschlossen werden konnten.[13]
In welcher Form das Ermittlungsergebnis an die Richterin und an die junge Frau herangetragen worden ist, entzieht sich meiner Kenntnis bzw. ist mir nicht mehr in Erinnerung. Ich weiß aber noch, dass sich die junge Frau einem WDR-Reporter anvertraut und diesem von ihren (Wahn-)Vorstellungen berichtet hat.

---

[13] … „Der Journalist *Hugo Stamm* berichtete im Züricher Tages-Anzeiger vom 05.09.2006, http://www.tagesanzeiger.ch/dyn/news/schweiz/662201.html
‚Wirbel um erfundene Satansrituale - Drei Frauen beschuldigen ihre Eltern, bei Satansritualen Babys getötet zu haben. Die Thurgauer Behörden sitzen der monströsen Verschwörung auf.'
Hugo Stamm befasst sich seit 30 Jahren mit Sekten, über Esoterik hat er ein Buch geschrieben, eine Sammlung seiner Artikel befindet sich unter www.tagesanzeiger.ch/sekten - er ist also weit entfernt davon, das Thema herunterzuspielen.
Stamm berichtet: ‚Drei Bewohnerinnen einer therapeutischen Wohngemeinschaft hatten angeblich unabhängig voneinander Erinnerungen an schreckliche Erlebnisse aus der Kindheit, die teilweise 20 und mehr Jahre zurückliegen. Sie behaupteten, ihre Eltern, viele Verwandte und Bekannte seien Mitglieder von verschiedenen satanischen Zirkeln und hätten sie schon als kleine Kinder sexuell missbraucht. Sie seien gezwungen worden, menschliches Herz und Hirn zu essen, Leichen zu zersägen, Köpfe zu spalten und schwangere Frauen aufzuschlitzen, behaupteten die drei psychisch schwer belasteten Frauen. Auch ihnen seien gewaltsam Kinder abgetrieben worden. Die drei verschiedenen Satanszirkel hätten mindestens 50 Babys und ähnlich viele Erwachsene bei den Ritualen ermordet. Die Kultmitglieder hätten auch Bewohner von Altersheimen entführt und umgebracht.'
Die Heimleiterinnen nahmen die Vorwürfe ernst und erstatteten Ende 2003 Strafanzeigen gegen die Väter der Frauen wegen sexuellen Missbrauchs. Vor dem Einzug der Frauen in die therapeutische Wohngemeinschaft war der Kontakt zur Familie noch gut gewesen, von Missbrauch keine Rede. Die Polizei ermittelte, setzte am angeblichen Ritualplatz Spürhunde ein, um nach Leichen zu suchen. Gefunden wurde nichts.
Da mehrere Elternpaare angezeigt wurden, die an unterschiedlichen Orten wohnten, wurde schließlich auch die Ermittlungsbehörden in der Schweizer Hauptstadt Bern mit der Sache befasst. Dort konnte man keine Konkreten Anhaltspunkte für Straftaten sehen, zumal es keine Vermisstenanzeigen gab." …
(Quelle: http://www.agpf.de/Satanismus.htm)

Zentraler Kriminaldienst Osnabrück-Stadt
(1994 bis 2004)

Über zwei IRA-/PIRA-Anschläge auf britische Militäreinrichten (Quebec-Barracks) im Osnabrücker Stadtteil Eversburg in den Jahren 1989 (Seite 39 f.) und 1996 (Seiten 150 ff.) habe ich in **Teil 2** meiner Geschichten ausführlich geschrieben. Gerade auch deshalb waren wir in Osnabrück bei Hinweisen auf mögliche IRA-/PIRA-Aktivitäten besonders sensibilisiert.

Verdächtiger VW-Bulli mit „britischen Holzkennzeichen"
Es muss wohl nach meiner Erinnerung zwischen diesen beiden Anschlägen gewesen sein, als bei uns ein Hinweis auf einen älteren VW-Bulli einging, der in einer Einzelgarage einer größeren Garagenanlage an der Parkstraße in Osnabrück festgestellt worden war. Besonders auffällig waren die am Kfz angebrachten Kennzeichen aus Holz – offenbar eine Spezialität der IRA –, die eine britische Herkunft vortäuschen sollten.[14] Zusammen mit einem Sachbearbeiter des Staatsschutzkommissariats bin ich zur Parkstraße gefahren. Erste Befragungen vor Ort konnten nicht klären, wem diese Garage gehört, wer sie nutzt und wie lange der VW-Bulli dort wohl schon steht.
Jedenfalls wurde die Staatsschutzabteilung des Landeskriminalamtes Niedersachsen informiert, und es erschien von dort ein junger Kriminalrat (K.), der heute ein hohes Amt in der niedersächsischen Polizei bekleidet. K. und ich haben vor Ort überlegt, was nun zu geschehen habe. Uns war klar, dass das Kfz zur Durchführung kriminaltechnischer Untersuchungen ins Landeskriminalamt transportiert werden musste.

---

[14] … „Sieben Wochen nach der Bombenzündung in Duisburg stellte ein Zöllner *McGeough* und *Hanratty* bei der Ortschaft Waldfeucht nahe der grünen Grenze zu Holland. Im Auto fanden Polizisten **nicht nur die aus Holz nachgemachten Nummernschilder,** sondern auch - neben weiteren Waffen - ein russisches Schnellfeuergewehr vom Typ AK-47. Damit, so fanden Sachverständige heraus, ist auf die Duisburger Beamten geschossen worden. Der damalige Generalbundesanwalt *Kurt Rebmann* hielt die jungen Iren für ‚zentrale Figuren' der IRA." …
(Quelle: http://wissen.spiegel.de/wissen/dokument/dokument.html?id=13681378 &top=SPIEGEL)

Allerdings hatten wir Bedenken wegen nicht völlig auszuschließenden Sprengfallen[15], die am Kfz angebracht sein konnten.
Letztendlich wurde das Kfz auf einem Anhänger (Nachläufer) ins Landeskriminalamt (LKA) transportiert. Die weiteren Ermittlungen hat das LKA übernommen. Untersuchungs- und Ermittlungsergebnisse sind mir heute nicht mehr geläufig.

In Osnabrück hatten wir es aber auch mit Organisierter Kriminalität (OK) zu tun. Da nicht alle OK-Verfahren von den dafür zuständigen OK-Dienststellen (insbesondere Landeskriminalamt Hannover, Kriminalpolizeiinspektion Organisierte Kriminalität in Oldenburg, Kriminalkommissariat Organisierte Kriminalität in Osnabrück) bearbeitet werden konnten, blieb auch ein Teil davon in dem von mir geleiteten Zentralen Kriminaldienst (ZKD) „hängen". Also mussten wir uns auch irgendwie spezialisieren.

Aus der personellen Besetzung der „Ermittlungsgruppe (EG) Joker", die über Monate an komplexen Verfahren gearbeitet hatte, wurde im 2. Fachkommissariat (2. FK) neben dem FK 2.1 (BtM-Delikte, Beschaffungskriminalität, Raub) ein Unterkommissariat FK 2.2 gebildet, das sich fortan kommissariatsübergreifend mit „besonderen Begehungsformen" zu befassen hatte. Dazu wurde das FK 2.2 auch mit spezialisierter Technik (z.B. Telekommunikationsüberwachung, akustische Überwachung) ausgestattet. Auf ein Verfahren, das vom FK 2.2 bearbeitet wurde, soll hier etwas näher eingegangen werden.

Raubüberfall unter „Polizeiaufsicht"
Zwei Männer, die verwandtschaftlich verbunden sind, standen im Verdacht, Läden der Kette „EDEKA-Neukauf" zu berauben. Insbesondere schienen es die Zielpersonen auf die Tageseinnahmen abgesehen zu haben, die gegen Geschäftsschluss vor dem erwarteten Geldtransport quasi bereitlagen. Dazu waren die potentiellen Räuber tagelang unterwegs, um geeignete Läden und insbesondere die Geldbotengänge auszubaldowern.
Über die Gefährlichkeit der beiden Täter waren wir uns im Klaren, da in einer konspirativen Wohnung in einem Osnabrücker Hochhaus meh-

---

[15] Sprengfalle – Wikipedia: „Als **Sprengfalle** (auch: *Versteckte Ladung*) bezeichnet man ‚eine Vorrichtung oder einen Stoff, der dafür bestimmt, gebaut oder eingerichtet ist, zu töten oder zu verletzen, und der unerwartet in Tätigkeit tritt, wenn eine Person einen scheinbar harmlosen Gegenstand aus seiner Lage bringt oder sich ihm nähert oder eine scheinbar ungefährliche Handlung vornimmt'. (Definition laut Bundesgesetzblatt 1992 Teil II Seite 968)." …

rere dort gelagerte Schusswaffen sichergestellt werden konnten. Die Zielpersonen hatten davon jedoch noch keine Kenntnis.

Aber die beiden Zielpersonen waren nicht allein unterwegs, denn Beamte des FK 2.2 waren ihnen zusammen mit einem Mobilen Einsatzkommando (MEK) aus Baden-Württemberg[16] „auf der Spur".

So gelang es auch, den zur Nachtzeit vor einem Hotel in einem Eifelort in der Nähe von Euskirchen abgestellten Miet-Pkw der Zielpersonen mit verschiedener Technik (Peilsender, akustische Innenraumüberwachung) zu präparieren, sodass die Verfolgungskräfte fortan über den Aufenthalt und das Vorhaben der Zielpersonen bestens informiert waren.

Besonders intensiv beschäftigten sich die Zielpersonen mit einem „EDEKA-Laden" im Bereich Euskirchen. Der schien ihnen für ihr Vorhaben besonders geeignet.

Den örtlich zuständigen Kripochef habe ich über unser Vorhaben fernmündlich informiert, die Tatausführung bis zum Versuchsstadium zu kontrollieren, um dann das MEK zugreifen zu lassen. Nach Rücksprache mit seinem Polizeichef bekamen die Kollegen wohl „kalte Füße" und man teilte mir mit, vor dem Laden einen grün-weißen Streifenwagen zu postieren, um so die Tat zu verhindern. Das war aber überhaupt nicht in unserem Sinne, denn wir wollten die Täter im Versuchsstadium der Tat überführen.

Nach vielem Hin und Her verlangte man von mir einen schriftlichen Einsatzbefehl und die Verantwortung für die Einsatzdurchführung. Erst danach gab man uns das ok.

Etwa 2 km vor dem Tatort stoppten die Zielpersonen den Pkw, um sich für den „Überfall" mit Overalls zu bekleiden, zu maskieren und den Miet-Pkw mit verfälschten Kennzeichen zu versehen..

Die MEK-Kräfte hatten kurz vor dem erwarteten Zugriff Positionen in den Geschäftsräumen und außerhalb – dem schneereichen Winter sei Dank – hinter einem großen Schneehaufen bezogen.

---

[16] „Wenn es darum geht, kriminelle Banden oder professionelle Gruppen der organisierten Kriminalität zu observieren oder Täter bei einem Rauschgiftdeal oder einer Schutzgelderpressung festzunehmen, sind die mobilen Einsatzkommandos (MEKs) gefordert. Die Frauen und Männer der MEKs verrichten ihren Dienst in Zivil. Sie sind auf verdecktes und konspiratives Vorgehen spezialisiert. Ausgestattet mit modernster Technik, unterstützen die besonders geschulten und trainierten Beamten die örtlichen Dienststellen der Polizei.

Mobile Einsatzkommandos sind eingerichtet bei den Landespolizeidirektionen der Regierungspräsidien in Stuttgart, Karlsruhe, Tübingen und Feiburg sowie beim Landeskriminalamt Baden-Württemberg." (Quelle: http://www.polizei-bw. de/ueberuns/Spezialisten/Seiten/MobilesEinsatzkommando.aspx)

Nach ihrem Eintreffen begaben sich die maskierten Täter zu der Tür, hinter der das Geld für den Abtransport in Geldbomben bereitlag und die der Geldbote anschließend mit der/den Geldbombe/n erwartungsgemäß verließ.

Als die MEK-Kräfte gegen Geschäftsschluss diese Tür von innen öffneten, glaubten sich die mit Schusswaffen ausgerüsteten Täter kurz vor ihrem Ziel. Aber weit gefehlt, denn sie stießen nicht auf den Geldboten, sondern sie wurden vom MEK „überrascht", sodass sie ohne großen Widerstand überwältigt und festgenommen werden konnten.

Auf die Kollegen des FK 2.2 kam anschließend noch umfangreiche Arbeit zu.

Pensionärsdasein (ab März 2004)

Mein Leben als Pensionär ergibt sich im Wesentlichen aus der nachfolgenden Presseveröffentlichung.

Was macht eigentlich...

Ernst Hunsicker

Ernst Hunsicker war von 1995 bis 2004 Kriminaldirektor in Osnabrück und lebt heute in Bad Iburg. [...] Bis zu seiner Pensionierung (2004) war er als Leiter des Zentralen Kriminaldienstes und Stellvertretender Leiter der Polizeiinspektion Osnabrück-Stadt Gesicht und Stimme der Polizei in der Friedensstadt.

Herr Hunsicker, was machen Sie mit der vielen Freizeit als Pensionär?

Bis zum Jahresende 2008 habe ich einen Großteil meiner Freizeit mit meinem Enkel Marvin (7) verbracht, der bis dahin mit meiner allein erziehenden Tochter Sally in unmittelbarer Nachbarschaft in Bad Iburg wohnte. Zu meinem großen Leidwesen sind Sally und Marvin inzwischen nach Potsdam umgezogen. Seit meiner Jugendzeit habe ich Sport getrieben. Jetzt halte ich mich mit ausgedehnten Radtouren durch das Osnabrücker Land und das Münsterland fit. Außerdem habe ich vor zwei Jahren begonnen, mich auf Inlinern zu bewegen. Am Haus und im – zum Teil naturnahen Garten – gibt es immer was zu tun. Und dann ist da ja auch noch die Schreiberei.

Was hat Sie bewogen, Bücher zu schreiben?

1984, damals war ich an der Polizeiausbildungsstätte Bad Iburg tätig, wurden meine ersten Aufsätze in polizeilichen Fachzeitschriften veröffentlicht. [...] Es kamen danach Anfragen, ob ich bereit sei, mich an Fachbüchern zu beteiligen. Ich habe spontan zugesagt. Kurz vor meiner Pensionierung bin ich in die Thematik „Präventive Gewinnabschöpfung" eingestiegen und habe dazu zwei Monografien verfasst. Mein polizeiliches Leben habe ich in dem autobiografisch/dokumentarischen Dreiteiler „Authentische Polizei- und Kriminalgeschichten – Stationen und Situationen mit Bildern aus einem langen Berufsleben" über insgesamt 520 Seiten festgehalten.

*Kann man den Kriminalisten eigentlich mit
der Pensionierung ablegen?*

Ob „man" das kann, weiß ich nicht. Ich selbst bin irgendwie Kriminalist geblieben, und ich mische mich auch noch immer durch entsprechende – auch kritische – Veröffentlichungen ein. Außerdem arbeite ich als Pensionär in zwei Präventionsgremien mit (Kriminalpräventionsrat Osnabrück, Präventionsverein Osnabrück e.V.), und ich bin zusammen mit Prof. Dr. Hans-Dieter Schwind, Polizeipräsident Rolf Sprinkmann und Kriminaloberrat Martin Oevermann Mitorganisator der „Ringvorlesung Kriminalistik" an der Uni Osnabrück.

*Haben Sie Kindheitserinnerungen an
Ibbenbüren?*

Ja, sehr viele. Im Alter von knapp zwei Jahren musste ich Weihnachten 1945 mit einer Kehlkopfdiphtherie im Ibbenbürener Krankenhaus verbringen. Ich weiß heute noch, wie damals die Möbel im Krankenzimmer gestanden haben und dass sich auf dem Flur vor dem Zimmer eine Marienstatue befand. Ibbenbüren blieb lange mein zweites Zuhause. Bis zum Alter von 17 Jahren war ich immer wieder in den Ferien bei meinem Opa, meiner Patentante Laura und deren späterem Ehemann Heinrich Pieper.

Quelle: Ibbenbürener Volkszeitung vom 04.04.2009 („Menschen und Meinungen")

Über meine Inliner-Aktivitäten wurde auch in Bad Iburger Blättern berichtet (Folgeseite).

Sichheitstraining des TuS Glane:

12 – 15 Meter Bremsweg

Bei dem diesjährigen Inliner-Sicherheitstraining des TuS Glane nahmen, in 2 Gruppen aufgeteilt, 37 Personen im Alter von 4 Jahren aufwärts teil. Dabei war Ernst Hunsiecker mit 65 Jahren mit Abstand der Älteste. Vor zwei Jahren machte er seine ersten Laufversuche. Bei der Frage, ob ihm das Erlernen nicht schwer gefallen sei, verwies er auf seine Erfahrungen mit Schlittschuh- und Rollschuhlaufen. Das diese Erfahrungen aber fast 50 Jahre zurück liegen, erwähnt er dabei nur nebenbei.

Die erste Frage, die Übungsleiter Oliver Brand den Kursteilnehmern stellte, war die nach der Länge des Bremsweges eines Inliners, der aus 20 km/h stehen bleiben will. Die Antworten lagen zwischen 1 und 30 Metern. „12 – 15 Meter braucht jemand, der es kann" betonte Brand. Bevor das Bremsen geübt wurde, stand das richtige Fallen auf dem Programm. Dabei ist es wichtig auf keinen Fall nach hinten zu fallen. Bei einem leichten Straucheln reicht es häufig mit einem Knie aufzusetzen. Deshalb sind Knieschützer neben dem Sturzhelm das wichtigste Sicherheitsutensil beim Inline fahren. Erwachsene sollten dabei auf besonders gut gepolsterte Schoner achten. Schwerere Stürze gilt es auf möglichst großer Körperfläche abzufangen, bzw. abzurollen, so wie es in asiatischen Kampfsportarten geübt wird. Ellenbogen- und Handgelenkschoner sind daher sehr zu empfehlen und sollten deshalb ebenfalls zur Sicherheitsausrüstung gehören.

Quelle: „Bad Iburg aktuell" Juni 2009, Seiten 34/35
(Ernst Hunsicker jeweils in der Bildmitte mit Sonnenbrille*)*

(Fach-)Bücher

von *Ernst Hunsicker*

**Präventive Gewinnabschöpfung in Theorie und Praxis –
Sicherstellung/Verwertung von Gegenständen und Bargeld aus Gründen der
Gefahrenabwehr in Kooperation von Polizei, Kommune und Staatsanwaltschaft (Osnabrücker Modell) – Arbeitshilfe –
1. Auflage (2004)**, Verlag für Polizeiwissenschaft, 111 Seiten, 14,90 €*.

**Präventive Gewinnabschöpfung in Theorie und Praxis –
Sicherstellung/Sicherung und Verwertung von Gegenständen und (Bar-)Geld
vorrangig aus Gründen der Gefahrenabwehr in Kooperation von Polizei,
Kommune und Staatsanwaltschaft (Osnabrücker Modell) – Arbeitshilfe –
2. Auflage (2005)**, Verlag für Polizeiwissenschaft, 165 Seiten, 14,90 €*.

**Präventive Gewinnabschöpfung (PräGe) in Theorie und Praxis –
Sicherstellung, Verwahrung von Verwertung von Gegenständen und (Bar-
)Geld aus Gründen der Gefahrenabwehr in Kooperation von Polizei, Staatsanwaltschaft und Kommune (Osnabrücker Modell) – Arbeitshilfe –
3. Auflage (2008)**,Verlag für Polizeiwissenschaft, 175 Seiten, 14,90 €*.

**Präventive Gewinnabschöpfung (PräGe) –
Entscheidungssammlung in Volltexten (Sammelband)
1. Auflage (2008)**, GRIN Verlag, 159 Seiten, 24,99 €* (Buch), 14,99 €* (E-Book).

**Präventive Gewinnabschöpfung (PräGe) –
Entscheidungssammlung in Volltexten (Sammelband)
2. Auflage (2009)**, GRIN Verlag, 226 Seiten, 24,99 €* (Buch), 14,99 €* (E-Book).

**Verfassungsmäßigkeit der Präventiven Gewinnabschöpfung (PräGe) –
Beurteilung der Verfassungsmäßigkeit unter Einbindung der BVerfG-
Entscheidung zum erweiterten Verfall (§ 73d StGB) und der einschlägigen
Rechtsprechung (PräGe)**, GRIN Verlag, 9,99 €* (Buch), 0 €* (E-Book).

**Authentische Polizei- und Kriminalgeschichten –
Stationen und Situationen mit Bildern aus einem langen Berufsleben –
Teil 1 (1962 bis Mai 1988),**
GRIN Verlag (2008), 136 Seiten, 27,99 €* (Buch), 17,99 €* (E-Book).

**Authentische Polizei- und Kriminalgeschichten –
Stationen und Situationen mit Bildern aus einem langen Berufsleben –
Teil 2 (Juni 1988 bis 1996),**
GRIN Verlag (2008), 184 Seiten, 27,99*€ (Buch), 17,99 €* (E-Book).

Authentische Polizei- und Kriminalgeschichten –
Stationen und Situationen mit Bildern aus einem langen Berufsleben –
Teil 3 (1997 bis 2004 und die Zeit danach),
GRIN Verlag (2009), 204 Seiten, 27,99 €* (Buch), 17,99 €* (E-Book).

mit *Ernst Hunsicker*

**Das ressortübergreifende Präventionsmodell Osnabrück –
Initiativfunktion von Seiten der Polizei** (Seiten 189 ff.),
in: VEREINT GEGEN KRIMINALITÄT – Wege der kommunalen Kriminalprävention in Deutschland, *Edwin Kube/Hans Schneider/Jürgen Stock* (Hrsg.),
Verlag Schmidt-Römhild (1996), 331 Seiten, 10,00 €*.

Führung von V-Personen (KR 12, Seiten 1-16),
in: KRIMINALISTEN-FACHBUCH (KFB) – Kriminalistische Kompetenz, Verlag
Schmidt-Römhild (2000), 52,00* € (36,00 €* für BDK-Mitglieder, Preis auch für
CD-ROM-Ausgabe).

Möglichkeiten und Grenzen besonderer Beweissicherungsmaßnahmen
(KR 21, Seiten 1-87, zusammen mit *Rolf Jaeger*),
in: KRIMINALISTEN-FACHBUCH (KFB) – Kriminalistische Kompetenz, Verlag
Schmidt-Römhild (2000), Preise wie vorstehend.

**Kriminologische Regionalanalyse Osnabrück 1996/97 zum Thema
„Mehr Sicherheit für uns in Osnabrück",**
Print & Media Center Wallenhorst, 250 Seiten (ohne Anlagen), zusammen mit
Bernhard Bruns, Martin Oevermann und *Martin Ratermann* (Auflage vergriffen).

**Bürgerbefragungen zur subjektiven Sicherheit in Osnabrück –
oder: Ertrag und Wirkung von (kommunaler) Kriminalprävention** (Seiten 127
ff.), in: Angewandte Kriminologie und Kriminalprävention;
Entwicklungen, Sachstand und Perspektiven,
Festschrift für Dr. *Joachim Jäger* zum 65. Geburtstag,
Schriftenreihe der Polizei-Führungs-Akademie,
Sächsisches Druck- und Verlagshaus AG (2003), 176 Seiten.

Entwicklung der kommunalen Kriminalprävention in Osnabrück seit 1989
(Seiten 945-961), in: Kriminalpolitik und ihre wissenschaftlichen Grundlagen –
Festschrift für Professor Dr. *Hans-Dieter Schwind* zum 70. Geburtstag,
Thomas Feltes, Christian Pfeiffer, Gernot Steinhilper (Hrsg.),
C.F. Müller, Verlagsgruppe Hüthig Jehle Rehm GmbH (2006), 1.204 Seiten,
298,00 €*.

Kriminologische Regionalanalyse Osnabrück 2007/08 zum Thema „**Sicherheit und soziales Leben in Osnabrück**", 165 Seiten (ohne Anlagen), zusammen mit *Martin Oevermann, Manfred Rolfes, Wolfgang Wellmann, Wolfgang Zimmerer* und *Oliver Voges*, 15,00 €*.

---

*Die Bücher unterliegen der Preisbindung, sodass (auch kurzfristig) Preisänderungen möglich sind.

Berufliche Vita des Verfassers in Kurzform

Kriminaldirektor a.D. *Ernst Hunsicker* (Jahrgang 1944) trat 1962 in den Polizeivollzugsdienst des Landes Niedersachsen ein.

Nach der Grundausbildung und der obligaten Verwendung in der Bereitschaftspolizei wurde er 1965 zum Polizeiabschnitt Lingen/Ems versetzt, wo er im SOV-Dienst (Sicherheit, Ordnung, Verkehr) eingesetzt war.

1967 wurde *Hunsicker* zur Landeskriminalpolizeistelle Osnabrück versetzt, wo er in verschiedenen Dienstbereichen (Sachbearbeiter Wirtschaftskriminalität/Betrug/ Fälschungen, Wachgruppenleiter im Kriminaldauerdienst, Mitglied der 1. Mordkommission) tätig war.

Von 1972 bis 1975 erfolgte seine Ausbildung für den gehobenen Polizeivollzugsdienst der Kriminalpolizei. Danach bis 1979 Verwendung als Führungsgehilfe K 1 beim Leiter der Kriminalpolizei im (ehemaligen) Regierungsbezirk Osnabrück, Leiter des 3. Fachkommissariats (Wirtschaftskriminalität/Betrug/Fälschungen) in Lingen/Ems und Fachlehrer an der Landespolizeischule Hann. Münden in Kommissarslehrgängen.

Daran schloss sich das Studium für den höheren Polizeivollzugsdienst der Kriminalpolizei an (1979 bis 1981).

Im Anschluss fand *Hunsicker* Verwendung als Fachlehrer an der Landespolizeischule Hann. Münden (bis 1982), stellvertretender Ausbildungsstättenleiter in Bad Iburg/LK Osnabrück (bis 1988), stellvertretender Leiter der Kriminalpolizeiinspektion Osnabrück (bis 1993) und Leiter der Kriminalpolizeiinspektion Lingen/Ems (bis 1994).

Von 1994 bis zu seiner Pensionierung mit Ablauf des Monats Februar 2004 leitete er den Zentralen Kriminaldienst bei der Polizeiinspektion (Z) Osnabrück-Stadt und war in Personalunion stellvertretender Inspektionsleiter.

Hunsicker hat sich in zahlreichen Veröffentlichungen mit der Kriminalitätsverfolgung und -verhütung, dem – auch kundenorientierten – Einsatz der Polizei und dem polizeilich relevanten Recht befasst. Dazu zählen auch Fachbücher und ein autobiografisches Werk (vgl. Seiten 49 ff.).

Vielleicht „besuchen" Sie *Ernst Hunsicker* einmal auf seiner Homepage, wo Sie unter **http://ernsthunsicker.de** mehr erfahren können.